夢と金が9割

鴨頭嘉人
Yoshihito Kamogashira

鴨ブックス

夢と金が9割

【はじめに】

明けましておめでとうございます。
炎の講演家、鴨頭嘉人でございます。

唐突ですが、今、この書籍を手に取ってこのページを読まれているあなたに質問です。

あなたの手元に10万円があります。
その10万円の価値を10倍にしてください。

勘違いしないでくださいね。
10万円を100万円にしてくださいという話ではありません。

10万円の価値を10倍に増やしてくださいという話です。

どうでしょう?
わかりますか?
ちなみに、僕はできます。

僕は今回、この書籍で「お金の価値」と「夢」について語ろうと思っています。
今、書店さんでは、投資、お金儲け、節約術など、さまざまなお金関連の書籍が棚を埋めています。

パワーワードは、「一生困らない」です。

それだけみなさん、お金に困っているんですね。

なぜ困っているのか……。

それはみなさんが、お金の価値について何も知らないからなんです。

特にわたしたち日本人は、お金に関しては酷《ひど》い教育を受けてきたおかげで、世界でもまれにみる〝**お金音痴**〟な国民という状態に甘んじざるを得なくなっています。

僕は、そのことに憤《いきどお》りすら感じます。

なぜなら、ほかならぬ僕自身がまさしく、〝お金音痴〟だったからです。

「お金の価値」を知れば、お金の使い方がわかります。
お金の使い方がわかれば、自分や他人、社会を幸せにすることができます。
自分と他人、社会を幸せにすることは結局、みんなの夢につながっていきます。

先にここで、この本で解説していくお金の価値に関するコア・メッセージを2つ、挙げておきます。

・お金の価値は変わる

・お金は移動したときだけ、人を幸せにする

この2つのメッセージ、覚えておいてくださいね。

試験に出ます（笑）。

繰り返しになりますが、お金の「稼ぎ方の本」とか「節約の本」はいっぱいあるんです……。

でも実は、**「お金の使い方」**を学んでない日本人が多すぎることが、最大の問題だと僕は思っています。

「お金はこういうふうに使うと幸せになれるよ」って、誰も教えてくれませんでした。

僕は、使ったときにしか人を幸せにしないものが「お金」だと思っています。

ですから本書は、お金に振り回されまくって、不安を抱えまくっている、「日本人の心を開放する本」にしたいと思っています。

さて、まずは10万円の価値を10倍にする話でしたね。

説明していきましょう。

CONTENTS

第 1 話

10万円の価値を10倍にすること

——お金の価値は変わる

歳を重ねるごとに
お金の価値は変わる
10000
10000

ここでは、お金に関するコア・メッセージの1つめとして、**「お金の価値は変わる」**のだということを説明していきます。

円高とか円安とか、そういう話ではないですよ。

もっと根本的な話です。

先日、僕はタクシーに乗りました。
2000円くらいの距離でした。
そのとき、タクシーの運転手さんがものすごく疲れているのがわかったんです。
タクシー業界、今、とんでもないことになっているの、わかりますか？

コロナ禍で3年くらい、政府が人流を止めた。

3年間も人流を止めたらどうなるか？
タクシーの運転手さん、食べられますか？
稼げなくなって、多くの人が辞めたと聞きます。

で、ここにきて、急に人が動き始めた。
すると今度は、タクシーが足りなくなってしまった。

でも、タクシー会社としては今、
なんとか収益を上げたいから、
これまでの分を取り戻したいから、
タクシーの運転手さん、

ずっと稼働しているんですよ。

でも、忙しいからといって、
運転手さんの給料が急に2倍になるわけじゃない。

そういう事情の中、くたくたになっている運転手さんが、
すごく頑張っているなというのがわかるから、
料金を払った後に、

「運転手さん、チップなんだけど」

と言って、5000円を別に渡したんですよ。

そうしたら、
さっきまでくたくたで、
本当に疲れ切っていた運転手さんが、

「ええっ！　いいんすかぁ!!
いやあ、お客さんありがとうございます!!
今日は、本当にいい日ですう!!」

となったわけです。

その瞬間、僕は、実感としてわかったんです。

「あ、お金の価値が変わった……」

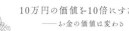

ここからは仮の話、シミュレーションです。

仮にタクシーの運転手さんの年収が250万円だとします。
で、僕、鴨頭の年収が2500万円だとします。
計算しやすいように。
僕の方が10倍年収が高いという設定ですね。

さてこのとき、僕が持つ5000円と、
運転手さんの持つ5000円の価値は、
どちらが高いですか？

はい。
言うまでもなく、運転手さんの持つ5000円の価値の方が、高いですよね。

僕からタクシーの運転手さんに移動したこの5000円は、
同じ5000円に見えますが、
計算上10倍になっているんですよ。
お金の価値が。

これ、大発見でした。

タクシー運転手さんも〝ウワーッ〟て喜んでいたけれど、
僕も〝ウワーッ〟てなっていました（笑）。

僕は、お金の勉強は全然してきませんでしたが、

お金の価値というのは変わるんだということが、
このときにはじめて、実感としてわかったんです。

つい最近の話ですよ。

それまでは、お金の価値って一定だと思っていたんです。
せいぜい、円高とか円安とかの小さな動きが、お金の価値の変動だと。
でも、お金の価値というのは、ある場所によって、持つ人によって変わるんです。

ここで改めて、「はじめに」で提示した質問です。

あなたの手元に10万円があります。
その10万円の価値を10倍にしてください。

もう、答えはわかりますよね。

自分よりも年収の低い人に移動させればいい。

お金の価値って、そういうことなんです。

このことを理解できたら、生きやすくなる人、
圧倒的に増えると思いませんか？

でも、言っていいですか？

実は、世界で日本人が一番お金を移動させていないと言っていい。
つまり、お金を持っていない人にめちゃくちゃ優しくない国なんです。

たとえば今、日本で一番お金を持っているのは誰ですか？

高齢者なんです。

そして今、一番お金を持っていないのは？

若者なんです。

もしも、高齢者がお金を若者に移動させたら、
お金の価値はどうなりますか？

増えますよね？

高齢者のお金を若者に移動させれば、
日本は元気になりますよね？

僕は常々、高齢者に問題があると言いますが、
ある意味、仕方がないんです。

お金のことを勉強する環境になかったんですから。

でも、チャンスはあったはずなんです。
だから、勉強をしなかったということ自体は、悪なんですよ。

自分も含めてですが、反省をすべきだと思います。
勉強不足だから、いかに自分が悪いことをしているかに気づかないで、
さも若者に期待しているかのように勘違いをして死のうとしている人の、
いかに多いことか……。

もう1つ大事なことを言います。

お金の価値というのは、変わります。

でもそれは、増えるだけではなく、減ることもあるということです。

たとえば、30年前の1万円と、
現在の1万円では、

どちらの価値が高いですか？

当然、今の1万円の価値の方が低くなっている。

お金というのは、とどめておくと価値が下がるという特徴を持っている。

物価は基本的に上がっていきます。

それは、生産性が上がったり、生み出している価値が増えたりするからなんですね。

金額というのは目盛りに過ぎません。

1万円は1万円のままです。

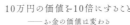

でも世の中でモノの価値が上がっていくと、
そのギャップでお金の価値は下がっていきます。

これは人類が進化しているという証なので、
ネガティブな話ではないんですね。
人類が進化をやめて後退していけば、
お金の価値が上がることも可能性としてはゼロではないけれども、
そんなことは誰も望んでいないし、起きないと思います。

ここまでは、お金をとどめておくと価値が下がるという、ロジカルな面の話です。

もう1つあります。

小学校1年生のときの100円と、
大学1年生のときの100円って、
同じ価値を感じられますか？

どちらの100円の方を価値が高いと感じますか？

当然、小学生が感じる100円の価値の方が高いですよね。

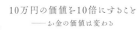

歳を重ねるごとに、
どんどん、
お金の価値に対する感覚は低くなっていく。

だからよく、500円とか1000円のお年玉を貯金しなさいという親がいますが、僕は本当に、何を考えているのかと思います。

もらった1000円のお年玉をすぐに使えば、
ものすごく豊かさを感じるわけですよ。

大好きなお菓子を買ったり、
「おぱんちゅうさぎ」を買ったりするかもしれない。

大好きなお菓子が、
その小さなマスコットが、
その子の日常をものすごく豊かにすると思いませんか?

でもそれを貯金しておいたら、

価値が下がっていきます。
で、大学生のときにいざ使おうとなったとき、
そのお年玉をくれた相手への感謝の気持ちって、
湧きますでしょうか？

小学生のときにその1000円で何か素晴らしいものを買ったら、
その相手への想いって、
感謝の気持ちって、
どれだけ大きくなりますか？

お金の流れを止めて貯金するっていうことは、
論理的にだけではなく、
情緒的にも感情的にも価値が減ってしまうんです。

どよ〜ん…
TiP!

UP!
UP!
お金の価値は変わる!

第2話

貯金をするバカ者がいるらしいよ

――お金は移動したときだけ、人を幸せにする

お金に関するコア・メッセージの2つめです。

「お金は移動したときだけ、人を幸せにする」

第1話でタクシーの運転手さんの話をしました。

あそこでも、僕がチップを渡すことによって、
お金の移動は起きていますね。

そこでお金の価値が変わり、
運転手の方は喜んでくださった。

ここでは、なぜ、

お金の移動が人を幸せにするのかを解説していきましょう。

たとえば、ペットボトルのお水をコンビニで買ったとします。

そのことで、僕はお金をコンビニに移動させたことになりますね？

そのお金はコンビニで働く人の給料になったり、

そこのオーナーの生活費になったり、

このお水を作っている工場で働いている人の給料・アルバイト料になったり、

このペットボトルを作っている工場の人の給料になったり、

このペットボトルのデザインを考えた人の事務所の給料になったり、

このペットボトルを運搬している運送屋さんのドライバーのお給料になったり、

という風に、
1本のペットボトルのお水を購入しただけで、
何千人という人の生活が豊かになっています。

僕がこのペットボトルのお水を買わなかったら、
今言ったことはゼロです。
だから、お金は移動したときには、
必ず誰かを幸せにしているんですよ。

とどめているときには、
自分が安心しているだけなんです。
安心感というメリットは確かにあります。
そもそも安心感がなければ、

人はそんな行動はとらない……。
でも、たった1人の安心感と、
何千人もの生活の豊かさと、
どちらを選ぶかということなんですよ。

ペットボトルのお水だと、
単価が低すぎて実感できないかもしれませんね。

もう少し、単価を上げてみましょう。

あなたが普段着ないようなお洋服を買おうと思って、
大枚はたいて買ったとします。
そのお金は誰を幸せにするかというと、

まず、そのアパレルショップの店員さんを幸せにし、
そのアパレルショップの店員さんの家族や子供たちのご飯になったり、
あとは旅行に行って想い出を作ったりというお金に変わる。
もちろん、そのアパレルショップの店長さん、
会社もそうだし、
なんならそのアパレルショップに洋服を納品したときのデザイナーさんや、
生地を作った職人さんとか、
蚕《かいこ》を飼っている職人さんだったりとか、
それを運んでいるトラックのドライバーさんや、
その家族だったりとか、
あと、その洋服を梱包している箱を作っている業者さんの会社の社長の役員報酬であったり、

その会社の社員さんの給料になったり……。
やはり、1つの買い物をしてお金が移動することで、
何十人、何百人、何千人の人たちが、ほんの少しずつですけど、
ハピネスを共有するんですよ。

なのにだ、

貯金をするバカ者がいるらしいよ。

いったい、お金をなんだと思っているんでしょう。

たとえば僕が、銀行口座に100万円を預けたとします。
そのとき、その100万円は誰を幸せにしているのでしょう?

銀行で働く人たちですか？

小数点以下での運用しかできない人たちに金を渡してどうするんですか？
銀行にはもう、ビジネス力なんかないですよ。
増やす力はまったくない。
滅びるしかない。

それなのに、
何百人とか何千人を幸せにすることができるのに、
なぜ、貯金をするのでしょうか？

もっと言えば、箪笥《たんす》貯金。

クレイジーすぎます。

お金は自分だけのものだと考えているのでしょうね？

なんと強欲なのでしょうか……。

お金……。

それはもともと、自分で生み出したモノではないはずです。

誰かから回ってきませんでしたか？

それをなぜ、自分だけのモノだと思っているのでしょうか？

こういう高齢者の方、本当に多いんですね……。

家計金融資産の世代別保有内訳

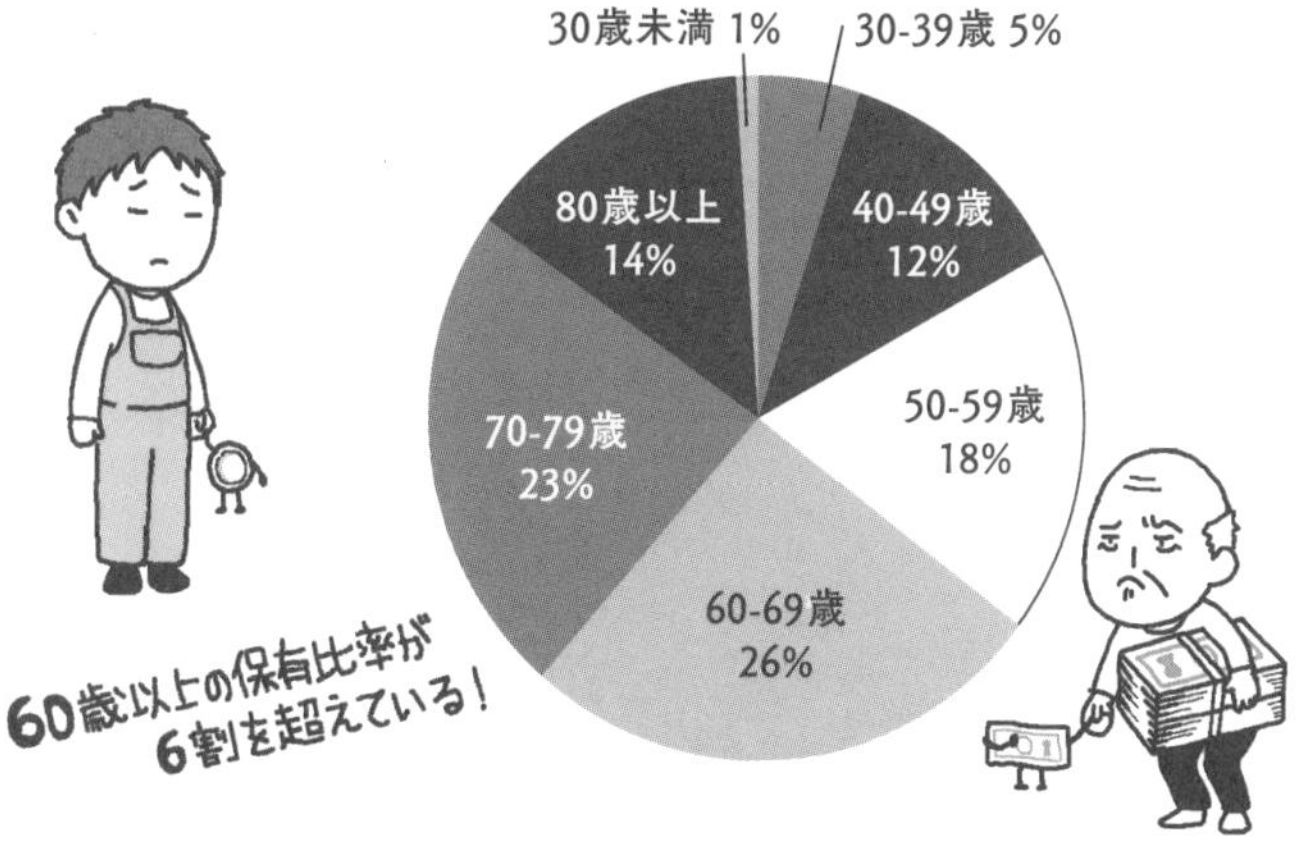

家計金融資産の内訳に占める高齢者世帯（65歳以上）の現金・貯金

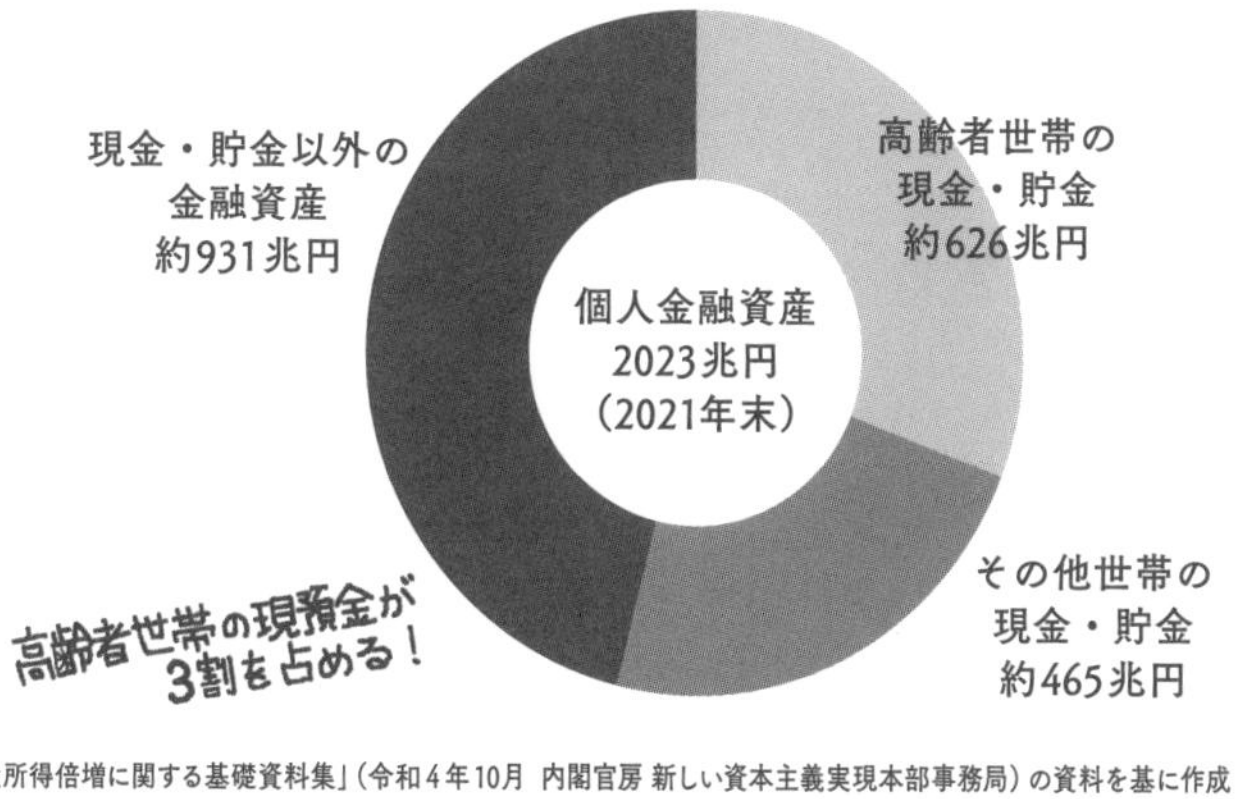

「資産所得倍増に関する基礎資料集」（令和４年10月 内閣官房 新しい資本主義実現本部事務局）の資料を基に作成

日本の個人金融資産は、
約2000兆円あるそうです。

この2000兆円を、
今、頑張って働いている20代、30代、40代の現役世代に渡したら、
この人たちはそのお金を溶かしますか?
それとも増やす可能性がありますか?

どちらですか?

僕は、若い人たちは、増やすと確信しますよ。

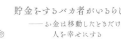

体力もあるし、一生懸命頑張っているのですから。
80歳とか90歳になってしまった高齢者が、
何かを生み出すことは難しいですが、
彼ら現役世代は生み出すことができるんですよ。

それなのに貯金を、
自分のモノだと思って死んでいく人たち……。

本当に優しくないと思います。

若い人たちに渡してあげるべきなんですよね。

貯金をするバカ者がいるらしいよ
——お金は移動したときだけ、人を幸せにする

ペットボトル1本買うと
どれだけの人が
幸せになるだろう

貯金をするバカ者がいるらしいよ
——お金は移動したときだけ、
人を幸せにする

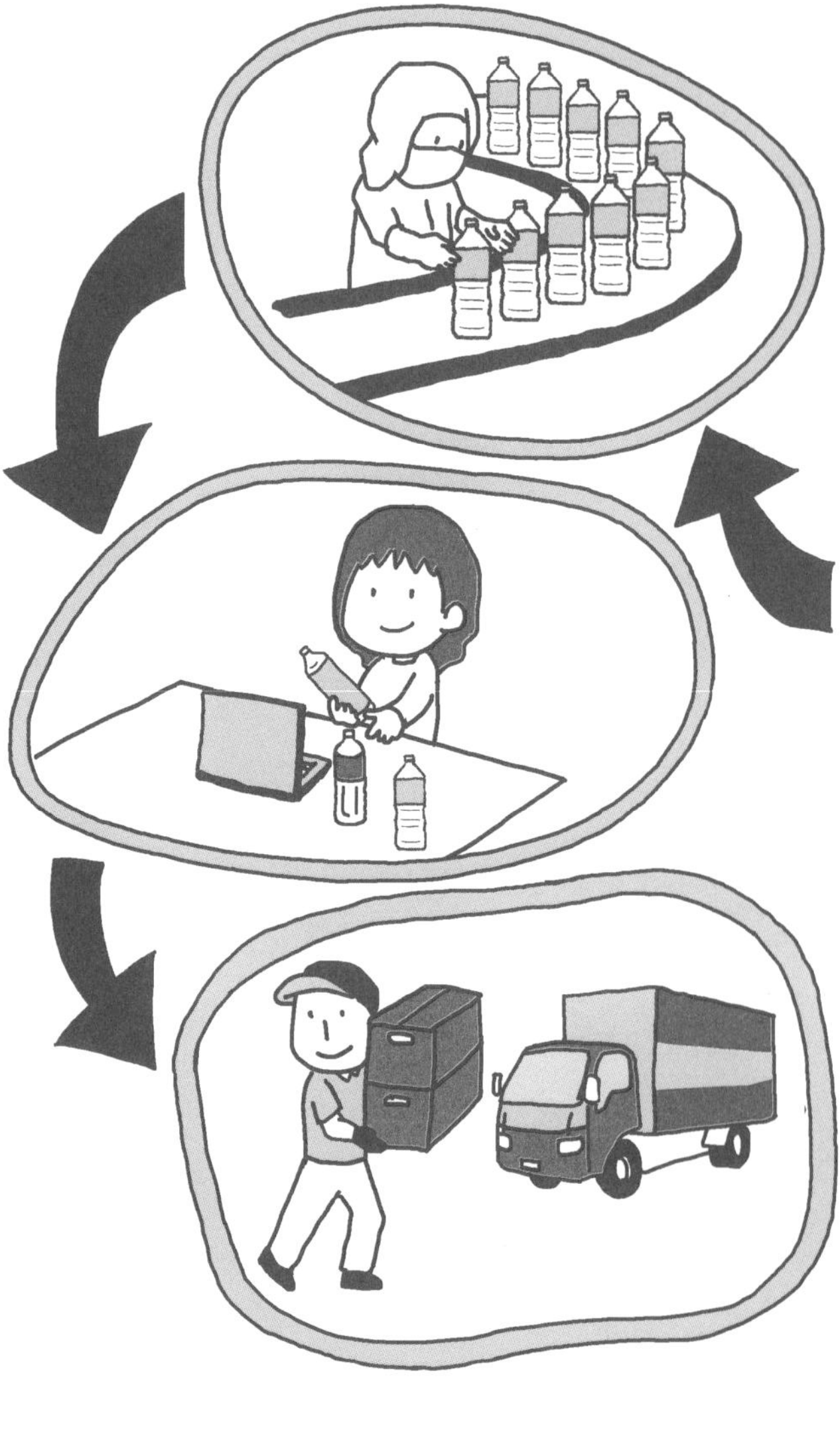

第3話

貧乏教育の話

——お金の教育をしない日本

実は、お金の話をすると、
僕はとても哀しくなるんです。

あまりにもみんな勉強不足で……。

将来、日本がどれだけ貧困国になるかが、
まるでわかっていない。

ここでこの先、65歳以上の高齢者の人口が、
日本の人口に占める割合を言いますよ。
ここで言う65歳以上というのは、
お金を稼ぐ力が下がる世代だと考えてください。

たとえば、1965年は6％程度でした。
それが今現在（2023年）は、ほぼ30％。
そして2040年には35％になるそうです。

何が言いたいかというと、
1965年に6％ということは、
本当にざっくりとですが、
1人の高齢者を約17人で支えていたということなんです。
それでおじいちゃん、おばあちゃんには優しい世界になっていた。
それはそれでいいですよね。
でも、それがこの先、35％になるんです。

1965年と2040年（予測）の人口ピラミッド

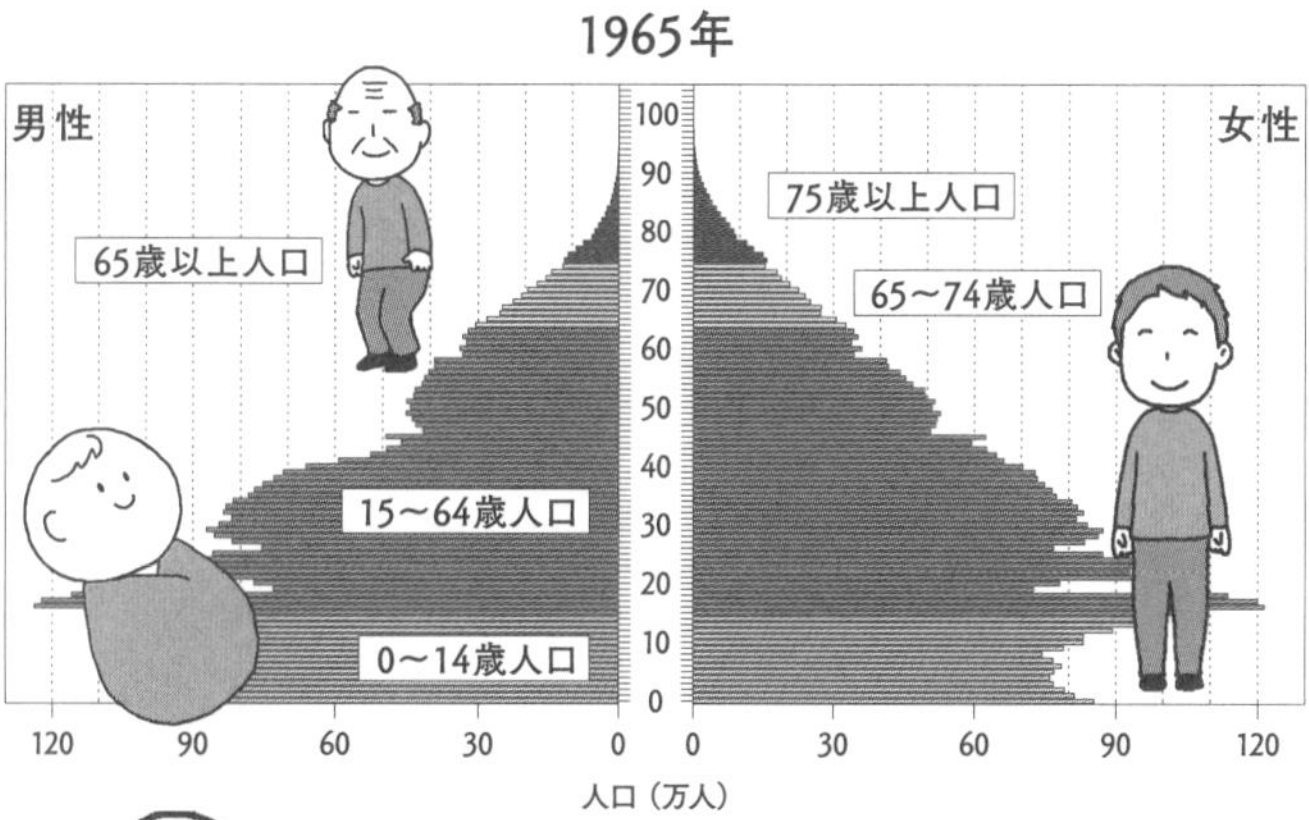

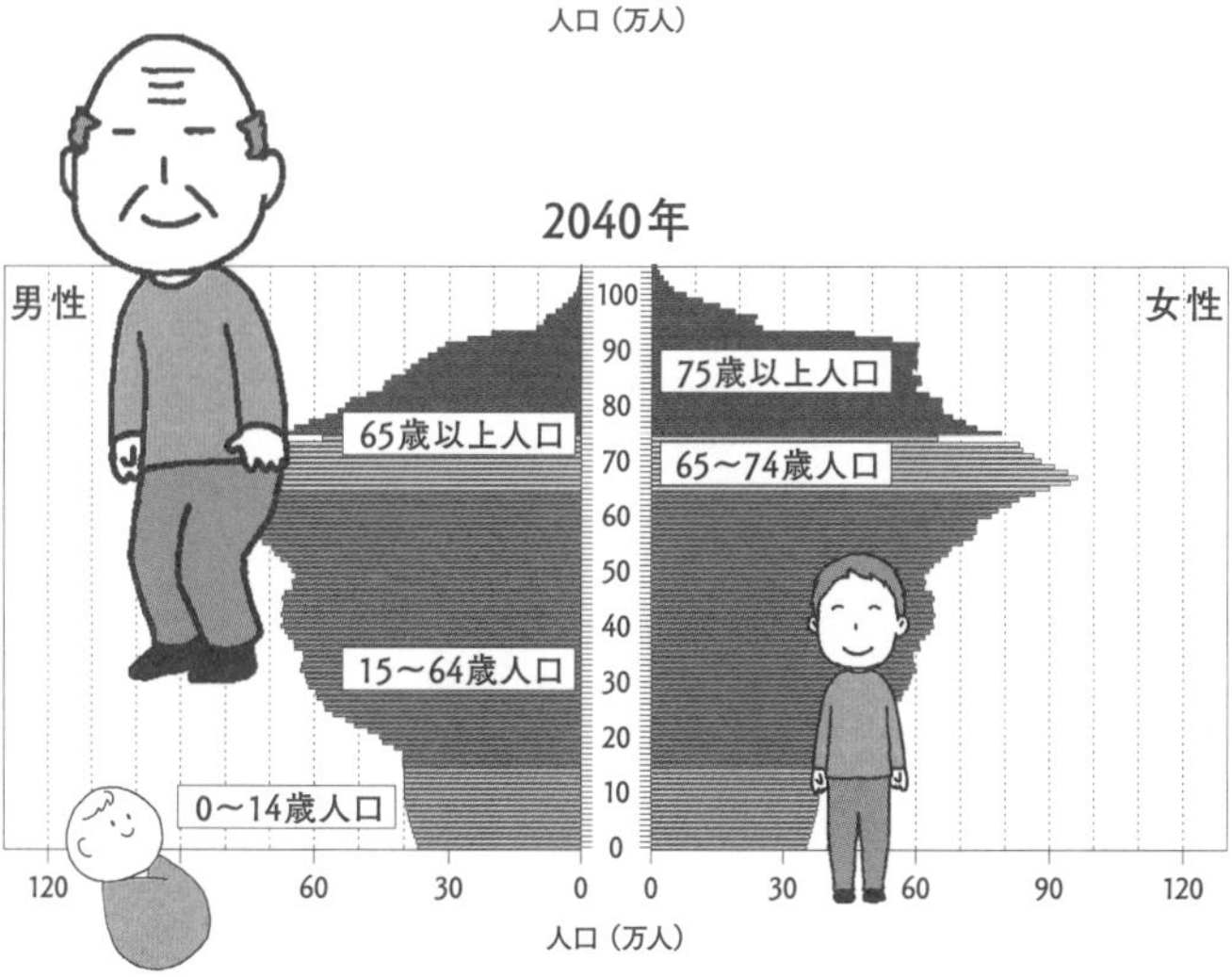

国立社会保障・人口問題研究所の資料を基に作成

1人の高齢者を1・8人で支えなくてはいけない。

それなのにです。
高齢者の人たちがお金は抱え込んだまま、
若者たちに世話をしなさいという……。

35%が高齢者の国なんて、
世界の歴史上、今まで一度もないんですよ。

子どもたちはどうなりますか?
こんな優しくない国、世界中どこを探してもないんです。
それどころか、お金の勉強をしていない高齢者のみなさんが、
今、若い人たちを苦しめていることにも気がつかず、

「わたしは頑張った、あなたたちも夢を叶えなさい」

できるわけがないですよね？

「文句があるのなら、ちゃんと投票しなさい」

ふざけないでください。

そもそもですが、
投票権を持つ人口比が違うじゃないですか。
高齢者の方が圧倒的に有利なんです。
〝シルバー民主主義〟と言うそうですよ。

有権者の中で高い割合を占める、
高齢者向けの施策が優先される政治のことだそうです。
こんな不公平な社会、ありますか？
若者を蹂躙《じゅうりん》しているだけだと、僕は思います。

さらに、
そういう高齢者の方々が、
お金の話をすると、
下品だと言います。
怪しい話だと眉をひそめます。

先日、『夢と金』という書籍を出版されている、
キングコングの西野《にしの》亮廣《あきひろ》さんが、

Ｖｏｉｃｙの『「学ばない親」に育てられる不幸な子供達』
という回で、
まさしくそんな状況を説明しておられました。

西野さんが、ある大学生から相談を受けたそうです。

その相談内容というのが、

「親がつみたてＮＩＳＡに反対するんです」

というものでした。

その反対理由というのが、

「なんかわからんけど、怪しいからやめとき」

というものだったそうです……。

西野さんは、
自分の子どもに対して、

なんでそんなに残酷なことができるのかと、
驚かれていました。

西野さんは、この状況を、
〝現状維持バイアス〟という言葉で説明していました。
要するに、
未知のものを受け入れることによって、
現状の安定した状態を損失するリスクがあるから、
それをまずは回避しようという心理のことだそうです。

〝得はしなくていいから、とりあえず損はしたくない〟

そういう現状維持バイアスが働いてしまっているから、

自分がわからないものに関しては、
とりあえず潰しておけ、
という判断をしてしまう。

「つみたてＮＩＳＡを推し進めろとは言わない。
ただ、つみたてＮＩＳＡに反対するのであれば、
つみたてＮＩＳＡのデメリットを説明してやれ」

西野さんが声を大にしておっしゃっていたことに、
僕も全面的に賛成です。

こういう親たち、
今の高齢者の方たちは、

確かにお金の勉強をする機会を持てずに、
お金は汚い、
さらにわからないことは怪しいと、
そういう刷り込みをされてきてしまった。

子どものころ、お年玉で100円をもらったら嬉しかったですよね？
なのに、親は言いませんでしたか？
貯金しろと……。

戦後の高度成長期、
日本社会は終身雇用制で、
会社や国が健康保険や年金など、

最後まで面倒をみてくれました。

給料は毎月支払われ、
銀行に預ける。

たいした利息ではないですが、
それでも少しはお金が増えました。

ちなみに、郵便貯金の定期貯金の金利、
1974年（ほぼ50年前ですね）にはそれでも、
7・5％ありました。
それが今はなんと、
0・002％です（涙）。

100万円を10年預け入れをしても、
100万2000円にしかならない。

貯金、しますか？

現在の高齢者は、
銀行に預ければ少しの利息をもらえる、
年金などで最後まで面倒をみてもらえる、
そういう時代を過ごしてきた。

だから言ったんです。

「貯金しなさい」と……。

繰り返しになりますが、これは教育の課題で、
個人の課題ではないんです。
だからこそ、僕は言わなきゃならないと思っています。
お金の教育ですよ。
一番大切なのに不足しているのが、お金の教育。
二番目が性教育です。

そもそも、わたしたちはお金をもらうこと、
さらにさかのぼれば、
お金の話をすることにすら、
抵抗を持っていませんか？

僕は、抵抗のない人の方が、

少数派になっちゃっていると思うんです。

お金に関しては、
話すことも、
もらうことも、
最初のセッティングに

〝**抵抗**〟

があるんだと思います。

もったいない教の信者じゃないですか、
わたしたちって。

もったいない、
もったいないって、
子どものころから教育されていて……。

そうすると、
たとえば、
相手の人が多めに払ってくれるシチュエーションがあったとしても、
〝わたしなんかに〟
〝もったいない〟
という考え方に転換されちゃう。

恐れ多いみたいな……。

これはこれまでの、
日本の教育がそうだったので、
仕方がないんですよね。

なぜ、そうなるのか？

たとえば、
かけっこが速いことって、いいことだと思っているんですよ、男の子って。

なんで？

絵がうまく描けると、いいことだと思っているよね。

なんで？

字を書くのがうまいと、いいことだと思っていませんか？

なんで？

これは全部、「いいこと」だって、
みんなが認めただけですよね？

優秀賞のような形で表彰されて、
みんながすご～いって、

認めたからそうなっただけなんですよ。

みんなが認めたことって、
正しい、
いいことだって思うようになっているんですよ、僕らは。

つまりは教育なんです。

みんなが認めたことはいいことで、
みんなが認めないことは悪いことなんですよ。

ここでお金に関して言えば、
お金をもらうことが汚いことだって、

みんなが認めたことなんですよ。

日本のアニメって本当に面白いなと思っていて、
漫画でも、
日本昔話でも、
主人公って、
貧乏が多い。
で、その貧乏な主人公は必ず、
いじめられたり、
ライバルに叩き潰されたりする。

で、そのライバルは決まってお金持ちなんですよ。

でも、世の中をよく見てください。
他人の足を引っ張ったり、
危害を加える人に、
お金持ちっています？

お金を持っている人が、
他人を嫉妬したりする理由ってありますか？

一般的には貧乏人がやるんですよ。
他人の足を引っ張ったり、
批判したり、
いじめたりとかは。

なぜか？

不足しているからなんです。

子どものころいじめばかりしていた子は、
もしかしたら、
親の愛情が足りなかったからかもしれない。

大人になって、
ネットで芸能人やスポーツ選手を叩いている人は、
貧乏だからかもしれない。

芸能人の不倫を叩く人は、

モテないからかもしれない。

だって、モテている人が、
芸能人の不倫を叩きますか？

でも、わたしたちが聞かされてきた昔話、
読んできた漫画は、
主人公が貧乏なんですよ。

で、お金持ちは悪い人という設定です。

そしてそのことに、みんなが納得してしまっている。
だから、お金に対する抵抗感があるのは、当たりまえなんです。

ただ、そのままだと、必ず貧しくなります。

間違った教育を刷り込まれてしまっていたのなら、
それは変えた方がいいということですね。

これはその人自身のせいではなくて、環境のせいなので。

ここで少し、僕自身の話をします。

僕はもともと、親が公務員なんですね。
公務員って高給取りではないし、
生み出した価値でお金をもらっているというのが、
わかりにくい職業なんです。

商売人って、もう少しわかりやすいじゃないですか。
自分で売って、それの対価をもらえるという。
あとは、経営者の方ですよね。
投資と回収をしているから。

でも、公務員の人って、
基本的には投資と回収は、まずやりません。

で、子どものころいつも言われていたのが、

「ウチは貧乏なんだから●●」

控えめに言って、

数万回言われてきた記憶があります。

たとえば子どものころ、
超合金のおもちゃが流行ったんですけれど、
友達が持っていると欲しくなっちゃう。
だから、僕もそれが欲しいって言うわけですよ。
自分で稼げないですからね、まだ。

すると、

「ウチは貧乏で●●君の家とは違うんだから、あなたは持っちゃダメ」

と言われるわけですよ。

もちろん、それはそれでプラスの面もあるんです。

貧乏はいやだなと……。

お金持ちになりたいなと思うような、
向上心というプラス面もある。

だけど、基本的にはお金がないと刷り込まれているので、
お金というものは入ってこないものだと、
思いこまされているんです。

僕は、子どものころに、おふくろの財布からお金を抜いたことがあります。

お金がないから、
来ないから。

なんとかずるをしてでも、

お金を得ようとしてしまった。
さすがに友達のお金はとったことないですけどね。

もう1つ。
たとえばお年玉ですけど、
2000円もらったら、
貯金しろと言われるわけですよ。

でも使いたい。

そうすると、じゃあ半分の1000円だけでも貯金しなさいと言われるんですよ。
1000円は使っていいんですよ。

だけどこの1000円、たとえば800円使うと、
もう200円しか残らない。
それがすごく嫌でした。
お金が減っていくということが……。
子どもも心になんか、
痛みすら感じていました。
ああ、もう無くなっちゃった。
もらったとき、あんなにうれしかったのに……。
そのときはまだ、考える力がないから、
ただ嫌だったし、悲しかった。
でも、おふくろの財布から1000円を抜くと、
1200円になるんですよ。
一瞬ですけど、心が落ち着く。

アホだと思うと思います。
僕だって、今はそう思いますから……。
でも、本当にそういう感覚があったんですよね。
結局それって、枯渇感《こかつかん》だと思うんですよね。
自分のところにはお金が回ってこないと思っているから。
ただ、お金というのは使えばなくなっていくものだと思っているから
……。

でも、その時に、
ちゃんとお金の教育を受けていたらどうでしょう？

・お金の価値は変わる

・お金は移動したときだけ、人を幸せにする

この2つのことがわかっていたら、
僕は、お金を使うことに悲しい想いをしたでしょうか？
母親の財布からお金を抜いたでしょうか？

さて、そんな鴨頭君も、
大人になっていくわけですよ。

でも僕の場合、
お金に関しては、
あまり成長は見られませんでした。
お金の勉強は何もしていませんでしたので……。

サラリーマンを25年やっていたので、
相変わらず、
自分がどれだけの価値を生み出しているかについては、
わかっていなかった。

会社に行っていれば、

〝お金は自然に振り込まれる〟

そういうもんだと思っていた。
公務員をやっていた父親と、
たいして違わなかったわけですね。

勉強不足だったから、
お金では、
本当に苦労しました。

その後独立して、
一回あたり5000円で講演をして、
生活をしていた。
そんなときに、
僕がマクドナルド時代にスーパーバイザーとして担当していた店舗で、
アルバイトとして働いていた井口玲奈《れな》さんという人と、お会いした。
お父さんがレーザー加工業をやられていた人で、
おそらく数十億円規模の経営者の方だったんですね。
井口さんも、

大学生のころから、
〝わたしは経営者になります〟
と言っていたわけ。

会社員になるつもりはないんですね、大学生のころから。
なぜならお父さんが経営者だから。
その井口さんと、会ったわけ。

ちょうどそのころ僕は、
講演会が売れ始めたころで、
年間に240講演くらいこなしていた。
やっと売れてきたなって、
自分で自分に満足していたタイミングだった。

井口さんも、自分で起業して2年目。

「鴨さん、最近どうですか？」って聞かれるから、

僕は、ものすごいドヤ顔で、

「最近売れるようになってきてさあ、全国飛び回っているんだよ」

「ああ、よかったですねえ」

みたいな……。

「だけどまだまだ単価上げようと思っているんだ」

「そうなんですか、今、いくらくらいでやっているんですか？」

「1講演5000円だけど、5万円に上げようと思って」

みたいな話をしていたわけ。

で、僕なんか、俺は先に成功したぞ、で、お前はどうなのっていう気持ちで、

「ちなみに玲奈はどういう仕事しているの？」

「フードコーディネーターのお仕事をしていま〜す」って。

「何その仕事」って聞いたら、お店のメニュー開発とか、プロモーションのサポートをしているって言うわけ。

「ああ、そうなんだあ。月何件くらいの仕事あるの」って。

「まだ2件くらいですねえ」

「そうかあ、頑張れよお。ちなみに1件の単価いくらなの」って聞いたら、

「50万円です」

「えええ〜!!」ってなったわけ。

「俺、5000円だけど、お前、1件50万円なの？」

「お前まだ、起業して2年目だよな？」と。

「別になんの実績もないじゃん」って。

「は～い」って。

「よく50万円取れるな」って聞いたわけ。


そのときの彼女の答えが、衝撃的でした。

「でも鴨さん、大体税金で半分取られるわけじゃないですか。
わたしなんかまだ売れていないから、
多めに頂かないと生活できなくないですかあ？」

もう、発想が全然違うんですね。

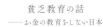

でも、彼女はその後、ちゃんと売れていくわけですよ。

そりゃそうだよね。

50万円を受け取って仕事しているんだもん。

50万円分の仕事を生み出そうとすると思いませんか？

「でもわたしなんかまだ全然メジャーじゃないから」って、

5000円で仕事をしていたとしますよ。

そういう人ってその後、伸びますかね？

まあ、わからないですけどね。

要は、どちらが早く価値を生み出すかなんですよね。

で、このお話には2つ、ポイントがあるんですよ。

・環境によってお金に対するメンタルブロックは全然違う

僕の方がそのブロックは強くて、井口さんにはなかった。

・高いお金を受け取るようになると、高い価値を生み出すように、自然と人間はなる

そのときに僕は、もう単価上げるしかないと思って、すぐに講演料を上げたんです。

10倍に。

かけっこ
絵がうまい
字がうまい

お金持ちは悪者?
それ本当?

第4話

ルカの時計

——お金の使い方、
そしてマインドブロック

今まで解説してきたことを、ここでもう一度まとめてみましょう。

1. お金の価値は変わる
2. お金は移動したときだけ、人を幸せにする
3. お金の教育をしない日本

今のわたしたちのお金の価値観、使い方だと、
誰も幸せになれないし、
日本もダメになっていく一方です。

でも、繰り返しになりますが、
わたしたちがここまで刷り込まれてきたお金の価値観を崩すのは、
本当に難しい。

どうしたらいいのか？

ここで1つ例を挙げてみましょう。

僕の友人の話です。

僕はずっと、オーダーメイドスーツをイタリアはナポリのルカ・グラシアという、世界でもトップのデザイナーに作ってもらっています。

ルカ・グラシアは兄弟でやっていて、
サルヴァトーレ・グラシアとルカ・グラシアで、
ルカがお兄ちゃんで、
サルヴァトーレが弟なんですよ。

最近、彼らと仲良くなって、

来日したら、僕が経営している「YAKINIKUMAFIA IKEBUKURO」で一緒に食事しているんですね。

2人とも、元々サルトリア（仕立屋）で、
当然、弟のサルヴァトーレもデザインはできるらしいんですけど、
完全にお兄ちゃんのルカの才能の方が優れているので、
完全にバックオフィスに回って、お金回りを弟がやっている。

お兄さんは徹底的にデザインをやって、
アーティストなんですね。
もう目の前で、
「あっ、待てよ。ちょっと待ってくれ」

とか言ってiPadで描き始めて、

「これはどうだ」

みたいな。

とんでもない人ですよ。

で、食事しているときにルカが、

たぶんウブロ（HUBLOT）の1000万円か2000万円ぐらいの時計をしていたんですよ。

「ああ、それいいっすね」って僕。

「だろ？　最高だろ」ってルカ。

「本当に時計好きなんだね」
「そうだよ。時計は男のステイタスだし、
自己重要感を高めるエネルギーそのものだ」

こんな会話をしていたら、
弟のサルヴァトーレが僕に、
「いやいや、お兄ちゃんは放っとくと、
毎年このクラスの時計ばっかり買うから、危ねえんだよ」
みたいなことを言ったんです。

それを聞いた瞬間に、お兄ちゃんのルカが、

「何を言っているんだ、お前は」と。

「何のために働いていると思ってるんだ」

と言うわけですよ。

僕も日本人ですね。

ここはてっきり、ルカが「悪いなあ」とでも言うと思っていたんですよ。

でも、違った。

ルカは確信を持ってこう言い切ったんです。

「俺は欲しいものがあるから仕事をしているんだ。
欲しいものが無いのに、働くなんてありえないだろう」
「なんだ、日本人は働くことがゴールなのか？
俺は違う」
「欲しいものが無ければ、働く意味はない。
夢があって、それがお金がかかるから仕事をするんだ」
「夢がないのに働く意味なんてない、金が先なんて考えられない」
そう言われたときに、

「おお（拍手）」、みたいになって。

どうですか？
見事じゃありませんか？

単純明快。
お金を稼ぐことに対してのバリアがまったくない。
お金は見事なまでに、手段でしかない。

みなさんの周りにここまで明快な人、いますか？

たとえば海外旅行に行きたいからお金を貯めています、
という程度の話でしたら、
たまには聞きますね。

そもそも仕事って、
なんのためにしているのかといったら、
みんな、

生活のためって言うんですよ。

でもルカは、夢のため、
欲しいもののためって言い切ったんですよ。
ルカにとって時計は夢なんです。
それを含めて人生だって言ったんです。
そこに大きな違いがあるなと思っていて。

そもそもお金の正体って何なのかというと、
夢とか、
願望とか、
欲求なんだというふうに、
僕はちょっと感じていて。

でも日本でこの話をすると、
たとえば、
「高い時計とかしている人ってどうなんですか」とか、
「ブランドバッグとか持っている人って、
自分に自信がないっていうことでしょう」みたいな。
えっ、何を勝手に変換しているんだろうと……。
すごく思うんですよね。

でも、そんな僕自身、
変わったのは最近のことです。

まだマクドナルドにいたときですが、
ブランド品の洋服を買うことが大好きな同期の社員がいました。

実は僕、彼のことを心の中でバカにしていた……。
必死になって働いた金で、
なんでそんなブランド品とか高い服買っているのと。
意味ないじゃんって言っていたんですよ。

じゃあ、そんな僕は給料を何に使っていたかっていうと、
車につぎ込んでいた（笑）。
同じことやっているのに、
なぜか車にお金使うのは、
あんまり周りにバカだって言われないんですよ。
時代もあったのかもしれません。
むしろ、男の子っぽいと思われる節もあった。

ところがブランド品の洋服だと、言われてしまう。
この違いは何なんだろうと……。
多くの人がお金をかけてもいいと思っているものにかけてもバカにされないが、
多くの人がお金をかけていないものにかけるとバカだと言われる。
ダイバーシティ思想がないと、お金の正体には近づけないんだなと。
たとえば有名人が稼いだお金で家を買ったという話をすると、
みんな、いいなあと言うんですよ。
ところがこれが、
ダイヤの指輪や超高い時計になると、

誹謗中傷にさらされてしまう。
何が違うんだっていう話じゃないですか。

家はＯＫなのに、時計だとバカにされる。
車はＯＫなのに、服だとバカにされる。

まったく筋が通っていない。
でも僕自身がそう思っていたんですよ。
単純に多くの人が、それはお金かけてもいいよねって思っているのか、
多くの人がそれはお金かけないよねって思っているかの違いだけでしかないのに……。

最近僕は池袋に住んでいますが、

ここはもう世界一のオタクの聖地です。
コスプレをやっている子たちは、
働いて稼いだ給料をほぼほぼ全額、
ウィッグとかカラーコンタクトとか、
メイク道具とか衣装とかに使い、
さらにブーツをオーダーメイドで作ったりするんですね。

さらに〝推し活〟が始まると、
声優さんのライブで給料のほとんどを投げ銭したりもする。

昔の僕だったら、バカじゃないかって言ったと思うんですけど、
今の僕は、「なんて豊かなんだろう」って思えるようになったんですよね。

僕はやっと……。

お金の正体がわかってきたような気がするんですよ。

なんでわかったのかというと、
まず、使ってみたからなんです。
僕自身が、お金を。

それまで僕が無駄だなと思っていたことに、
お金を使ってきたからだと思います。
サラリーマンのときは飯を食うんだったら、
吉野家かマクドナルドだと思っていました。

でもあえて、

まだ収入がないときに、
一番高いものを食べに行こうというのをやったりもしたし、
ホテルに泊まるときにもリッツ・カールトンに泊まる、
というようなことをやってみたりもしました。

最初はスーツでした。

講演家になると決めて、
当時1回あたりの講演料がまだ5000円だったときに、
初めて買ったスーツが、
ポール・スミスの13万円のスーツだったんですよ。

マクドナルドでスーパーバイザーのときに買っていたスーツは、

確か1万9800円か、
よくて2万9800円でした。

ブランド物のスーツを着ていた人をバカにしていた僕が、
ブランド物のスーツを初めて買ったそのときに、
「これで人の前に立てる」と思ったんですよね。

それまでの、

〝知らないものは怪しいもの〟
〝知らないものはムダなもの〟

という先入観、

偏見があって今までに使ったことがなかったものを、
実際に自分で使ってみた。

すると、あっ、これはすごくテンションが上がるなとか、
これはすごく居心地がいいなとか、
これはあまり僕にとってはテンションが上がらないなとかいうように、
お金を使ってみて、
分類をしていってはじめてわかった気がするんですよね。

この話には後日談があって、
メルマガにこのスーツを買ってわかった体験談を書いたとき、
「こんな汚らしいお金の話をする人だと思いませんでした。不快です」
とわざわざメッセージを送ってくる人が数名いました。

そのときは伝えられない無力感に苛《さいな》まれました。
この本もそんなコメントが来たら、
寂しいなあ。

もう1つ、僕のお金の価値に関する気づきを紹介させてください。

マクドナルドで人事部にいたときに、
アルバイトのスカウトをやっていたんですね。
そのときに、スカウト専門の人間がいた。
スカウト専門なので、
もちろんハンバーガーは作れないし、
ドリンクも作れないし、
本社の仕事もエクセルもできない。

ただ、スカウトだけができるという人を、
わざわざ引っ張ってきたんです。
元ディズニーランドのグーフィーで、
その後、地中海クラブ（現クラブメッド）でも仕事をしていた。
地中海クラブですから、
いわゆる多国籍の人ともすごく触れ合いのある人だったんです。

で、その彼が本社に来たときに、

「なんでマクドナルドの社員は、全員ダサいスーツ着ているんですか？」

と聞いてきたんですよ。

僕はそのときに、

「お前、ふざけんな」

と、詰めちゃったんですよ。

「お前、なにに見かけで人を判断しているんだ」と。

でもその後、
僕自身が独立をして、
ダサい格好をして講演をやっている人を見たときに、
なんて損をしているんだということに気がつく。
で、自分自身にお金をかけるようになったんです。
そのときに、
あっ、彼のほうが先にお金の価値を知っていて、
僕が知らなかったんだということに気がつくわけです。

子どものころにお金の教育を受けず、
お金は汚いものという刷り込みをされ、

母親の財布からお金を抜き取るような鴨頭君が、
たまたま独立をして、
お金の価値に触れるさまざまなチャンスに恵まれ、
遅まきながらもお金のことを勉強する。

でも、多くの人は、
お金をリアルに感じることもなく、
お金の価値を知ることもなく、
そのまま死んでいくんですよ。

思えば、気の毒な話だと思います。
お金のこと、
何も教わらずに社会に放り出されたんですから……。

言ってみれば、
泳ぎを習うこともなく、
海に放り出されたようなものですよね。

第4話

ルカの時計
——お金の使い方、そしてマインドブロック

お金を習わず
大海へ
ぎゃーー!

ぼちゃっ

溺れる〜!!

すぃ～～
お金は使ってみると
わかるよ～

第5話

エネルギーとしてのお金

――お金は移動したときだけ、人を幸せにする②

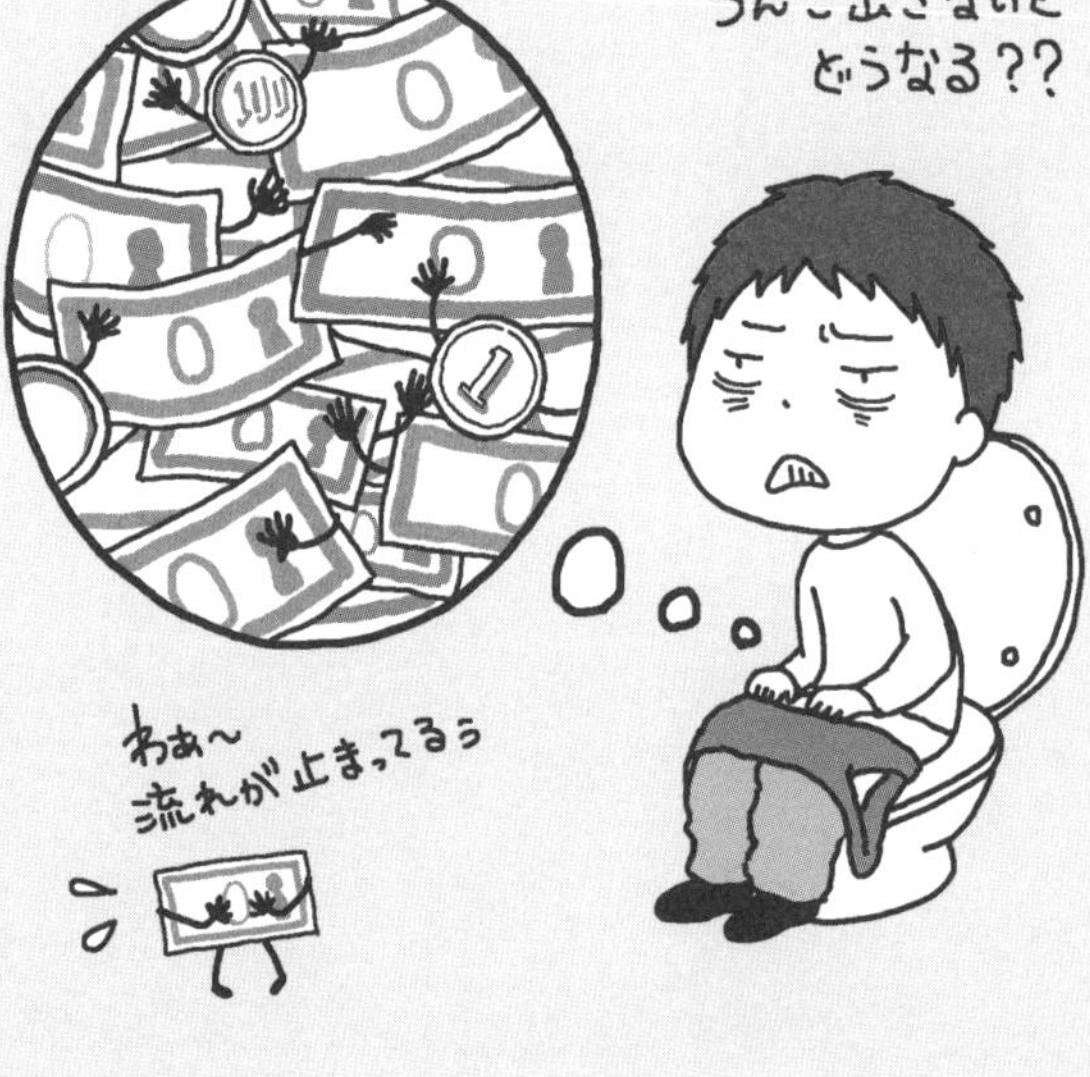
うんこ出さないと

僕は、お金はエネルギーだととらえています。

だから、まずお金はとどめてはいけない。
循環させる。
なぜなら、エネルギーだから。
これを覚えておくのはすごく大事だと思います。

食べ物と同じなんです。
人間の身体は、食べ物でできているじゃないですか？
入って来たものの流れを留めたら、
どうなるんでしたっけ？
うんこになるんですね。
で、そのうんこを絶対に出さないようにしていると、身体を壊しますよね。
お金もエネルギーで、
食べ物もエネルギーなんですよ。
エネルギーが足りないからご飯を食べるわけでしょう?
とどめておいたら、健康を害する。
お金だって同じです。
エネルギーなんだから、
ちゃんと出していかなくてはいけない。
貯金をしている人は、
うんこを貯めているのと同じだと思いますよ。

日本人個人の貯金、2000兆円とか言われているんですけど、

つまり、2000兆円分のうんこなんです……。

現預金が世界でも飛び抜けて多い日本の経済成長率が低く、
個人投資額が高い国ほど経済成長率が高い。
お金は循環させせると豊かになることは間違いなさそうです。

投資と貯金って、何が違うかといえば、
流れを作っているか、
流れを止めているのかの違いなんですね。

貯金は、自分のところに来た流れ、
つまりエネルギーを他には渡さない、
せき止めるという行為。

日米の家計金融資産の比較（2022年3月末）

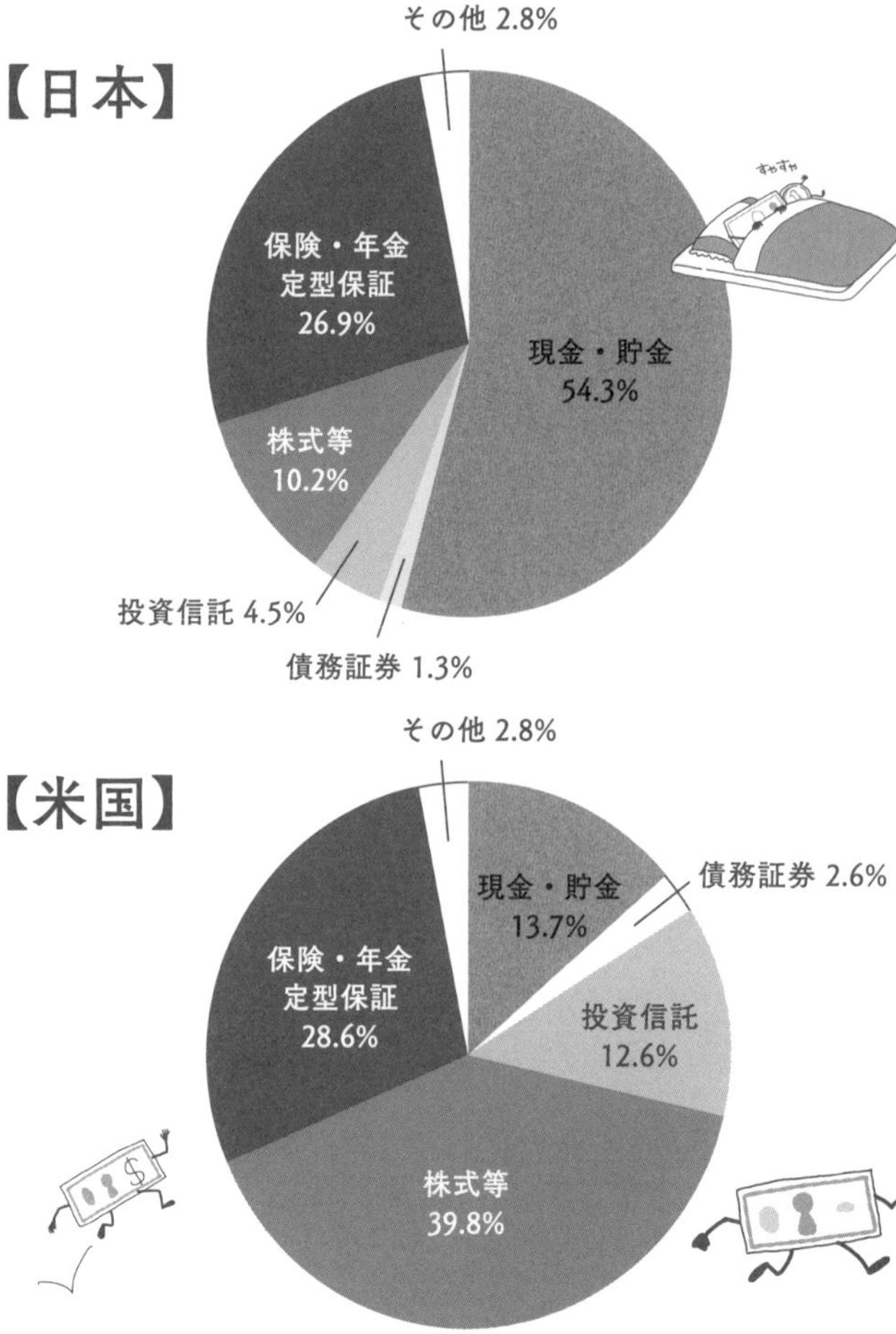

資金循環の日米欧比較（2022年8月31日 日本銀行調査統計局）の資料を基に作成

投資は、自分のところに流れて来たエネルギーを、
たとえば株式投資であれば、
これから成長しようとする会社に投資をして、
その会社の価値が上がれば戻ってきてと、
循環している。

僕の講座も、みなさんは投資している。
そしてその対価として、
知識や情報や考え方を手に入れていますよね。
そのことによって自分の価値を、
さっきの株式投資と同じように、
自分の価値を高めていくんですよね。
それって、価値が増えていますよね？

つまり、**お金は循環させれば増える**という、
元々持っている法則があるんですよ。
でもとどめたら、お金の価値はどうなりますか？
減るんですよ。

貯金なんか、するべきではないんですよ。
お金はできる限り回す。
だって、エネルギーなんですから。

『映画 えんとつ町のプペル』を観た方はわかると思うんですけど、
「腐るお金」の話が出てきましたよね？
お金がどんどん腐っていって、
使えなくなるんです。

あれはすごく理にかなっているんです。

わたしたちは目の前で実際に、
1万円や100円が腐っていくのを見る機会はありません。
でも、価値が下がるということは、
腐っていっているのと同じことなんですよ。

お金は、循環させていけば、
みんなが豊かになります。
日本が今、経済が良くないのは、
みんなが貯金するからという一面もあります。

だってお金の総量が急に減ったわけではなくて、

なんなら刷りまくっているし、
企業のお金を国が買いまくっているわけですよ。
日本銀行が買っているんですけど。
これ、不思議な現象だなと思って……。
日本銀行が紙幣を発行して、
株価が下がらないように買い支えている。
本来はこの役割を消費者がやれば、
経済は回るんですよ。
でも、消費者がとどめちゃうので、
動かすために、
発行して、
買ってあげなければならなくなっている。

要は、日本国民があまりにもお金の勉強をしなさすぎて、
間違った行動をとるから、
仕方なく国がお金を回そうとしている。
でも国民は、国が悪いんだって言うんですよ。
日本経済が悪いのは……。
でもそれは、一面でしかなくて、
国に悪い面がないとは言わないんだけど、
今の大きなエネルギーの循環の話をするならば、
間違った動きをする国民をサポートするために、
国が無理やり回しているんですよ。
本来しなくていいんですよね、国は。

国がNISAなどの投資を勧めていますが、

わたしたちにとって大切なのは、
お金を増やすという行動を当たりまえにすることなんです。

だから僕は、お金を動かすことしか考えていないです。

他人、そして自分自身の価値を高めるためにお金を使っている。
僕はビジネス書を８００冊くらい読みます。
年間の金額にすると１４０万円くらい。
それは自分自身への投資になる。

最初は『グレイトフル・デッドにマーケティングを学ぶ』という、
１８００円くらいの本でした。
その本を読んで、

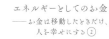

よし、自分の講演の内容は全部ＹｏｕＴｕｂｅにアップしようとなり、
ＹｏｕＴｕｂｅ講演家になり、
今では年間10億円くらいの売上を上げるまでになりました。

もちろん、その本を読んだことだけが
10億円の売上に直接つながったわけではありません。
でも、その１８００円の投資は、
間違いなくその売上につながっているんです。

投資先として最高のレバレッジを持つのは、
やはり、自分ということです。
自分のことだったら諦めない。
裁量の幅も１００％です。

他人に投資することもいい。
自分の肉体は一個で、
24時間しかなくて、
でも、世の中には可能性はいっぱいある。
他の人にも可能性はあるわけです。

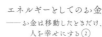

自分の投資のお金が、
自分だけで収まらなくなってくる。
仮に僕の年収が2000万円だったとしましょう。
その2000万円を自己投資だけに使い切るの、大変じゃないですか？
残ったお金は死に金になりませんか？

だとしたら、もっと他の人に投資した方が、お金はもっと生きるし、増やせる。

年収が、起業したばかりのときに200万円だったとします。
200万円だと、投資だけでなく、
生活費とか、消費にも使わないといけない。
年収が少ないときには、
その少ない資金を自分だけに向けて、
レバレッジをかける。

でも年収が上がっていくと、
使い切れないんですよ、
自己投資だけだと。
そうすると、他者投資を始める。

というわけで、今は、色々なところに投資していますが、
でも、一番の投資先はまず、自分です。

自分にであろうが、他者にであろうが、
お金を循環させる。
投資して回収するということを覚えていかないと、
不満だらけの人生になってしまうと思うんです。

お金に関しては。

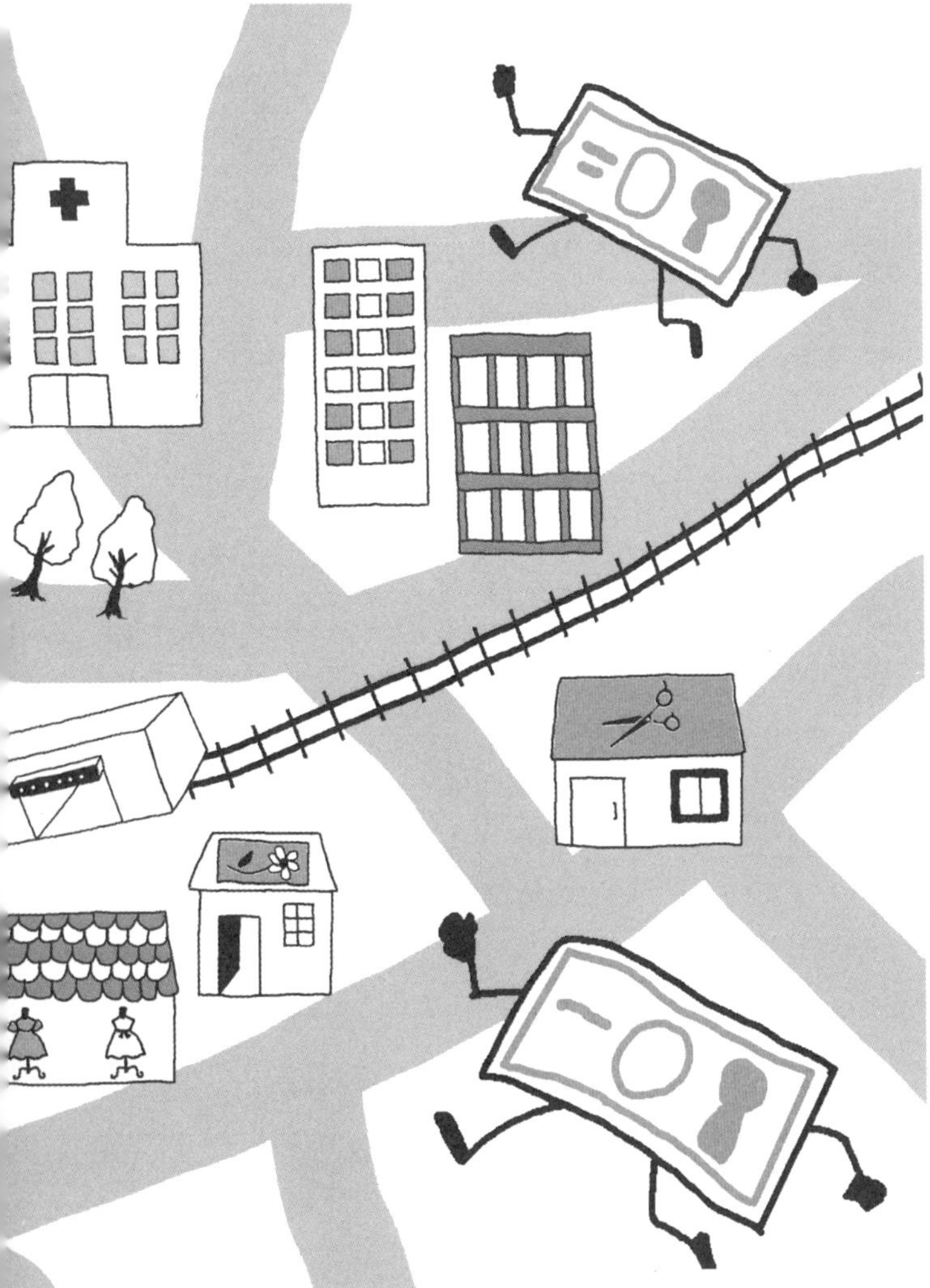

エネルギーとしてのお金
——お金は移動したときだけ、
人を幸せにする②

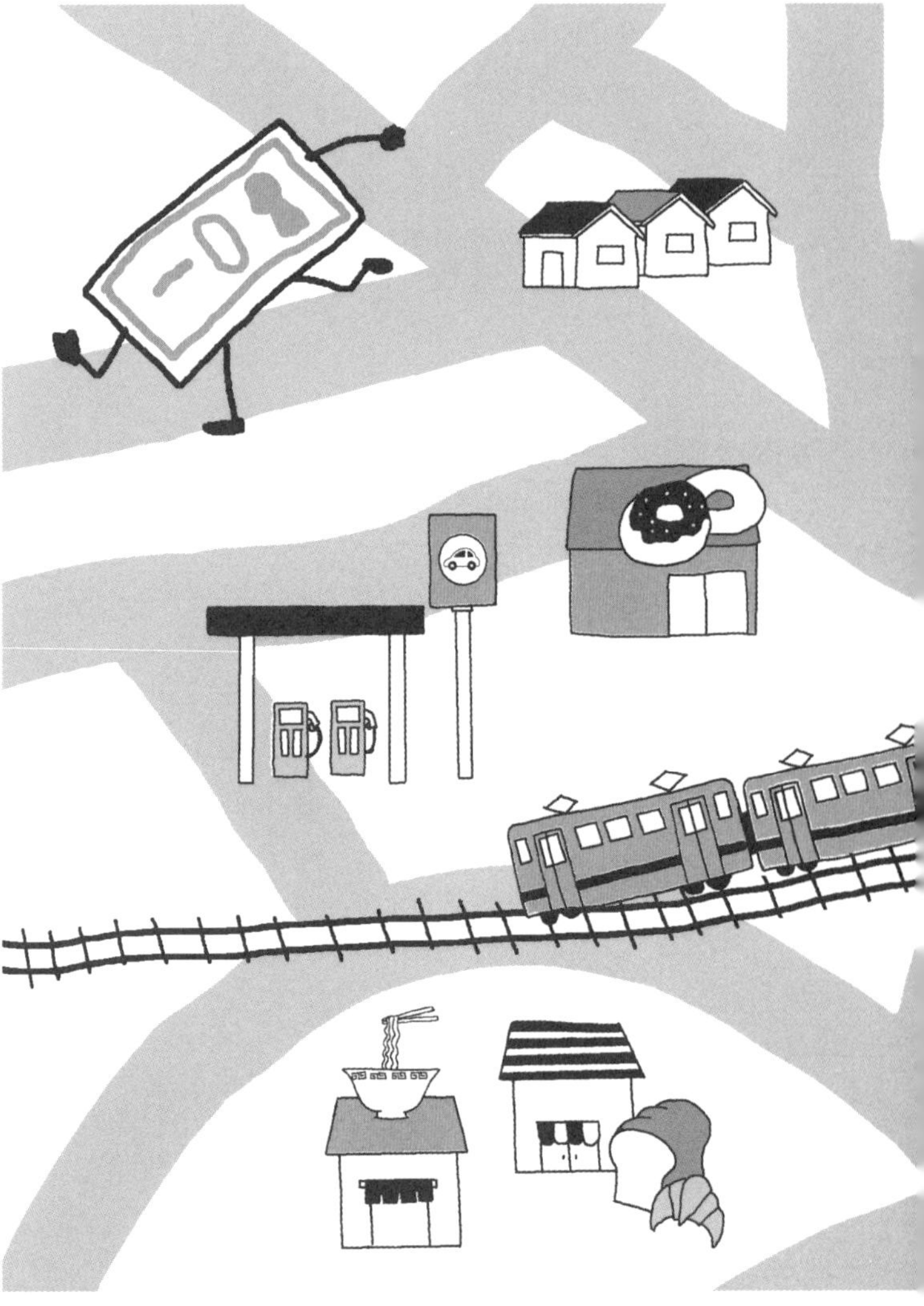

第6話

そして夢

――改めて、お金は移動したときだけ、
人を幸せにする

ここで改めて、繰り返させてください。

お金の価値を知れば、
お金の使い方がわかる。

お金の使い方がわかれば、
自分や他人、社会を幸せにすることができる。
自分と他人、社会を幸せにすることは結局、
みんなの夢につながっていきます。

夢を叶《かな》えるには、多くの場合、
お金が必要になります。
もちろん、お金があるからといって夢が叶うわけではありませんが、

お金はあった方がいい。

今、夢を叶えたいと思っている人は誰ですか？
若い人たちですよね。
でも彼らは、この高齢者天国の日本において、
どんどん夢を叶えることが難しくなっている。
それは、お金がなかなか回ってこないからです。
夢の叶わない国に魅力はありますか？
若い人たちの夢が叶えば、
社会も未来も明るくなりませんか？

明るくなりますよね。

だとしたら、若い人たちにお金を回しましょう。
彼らを、応援しましょうよ。
ここまで、「お金の価値は変わる」こと、
「お金は移動したときだけ、人を幸せにする」ことを説明してきました。
理にかなっていませんか？

さて、実はもう1つ問題があります。
それは受け取る側の問題です。

第3話で、日本の教育、
刷り込みの話をしましたが、
実はここが根深くて、

わたしたちのマインドブロックになっています。

これをどうするか？
結論を先に言います。

お金を受け取るマインドを変える方法は、
まずは、
〝**受け取ってみる**〟です。

理屈じゃなくて、体験なんです。
多めに受け取ったときに、
人は変わっていくんですよ。
「YAKINIKUMAFIA IKEBUKURO」では、

チップ制を導入しています。

サービス業で働くすべての人が、
自分の仕事に誇りを持って働ける社会を創造したい、
ということが目的です。
今でも覚えているのですが、
ステージパフォーマーのアサミが店で働いているときに、
1人のお客様から50万円のチップをいただいたんです。

で、そのときに彼女、
泣いていたんですよ。

僕はなんとなくわかったんですよ、

なんで泣いているかが……。

「なんで涙が出ているの？」って聞いたら、
「怖いです」というわけ。

わかるよね。

いきなり個人から50万円のチップをもらったら、
怖いんだよね。
それは、今までにない金額だったからだと思う。
でもその後アサミは、
年収800万円のスタッフになっていくわけです。
これはあの、50万円のチップをくれた人のおかげだと思っています。

アサミは受け取る器になれたんだと思います。

わたしは受け取れるんだって……。

セルフイメージが貼り替わったんですね。
お金によって。
もちろん、ただ、お金を受け取っているわけではないんです。

京都だろうと、岡山であろうと、
彼女はチップをくれたお客さまのお店にガンガン行くんですよ。
1000~2000円の商品を買うために、
新幹線に乗って。
それは、彼女のところに回ってきますよね。

だって、循環させているんですもの、
彼女はお金を、
そして価値を……。

それでも、なかなか初期の刷り込みが重くて、
受け取れない人がいます。
そういう人のための一個手前のベビーステップも話しておきます。

「払え！」

自分がまず、払ってみるんですよ。

高額を。

もらう前に、
一回、払っておけばいい。
数万円とか数十万円とか渡すんですよ、人に。
渡した経験があれば、
受け取れるようになります。
僕もそれを、少しずつやってきたんです。

最初は少額から、そして段々と高額を払う体験を積み重ねていく。
払えば払うほど、
僕は受け取っていいという許可ができるんです。
数千円しか払ったことのない人が、
数十万円とか受け取れないですよ。
だって、自分は払わないんだもの。

釣り合ってないですもの。

元々、お金のメンタルブロックって、
ただの体験なんですよ。

第3話に登場した井口さんは、
小さいころから数万円の食事を普通にしていたわけです。

で、その食事はそれだけのコストをかけて作られた、
ということを知っているわけです。

数万円の食事を提供するシェフや
原材料を育てた農家さん、

それだけの高額なメニューを
提供するにふさわしい店舗の内装や、
お皿やカトラリーなど……。
それを体験するとはじめて、
「わかる」ようになってくる。
これだけでいいと思います。
お金の勉強会とかに行く必要はありません。
ああいうところに行っても、
マインドは変わらないので……。
体験で変わりますから。

今日もたまたま、
東京カモガシラランドのミーティングでした。

チップを一番受け取れたのは誰で、
なんで受け取れたかの分析をやるんです。

面白いことがありました。
お店のムードが全体的に下がったことがあったんですね。
従業員の問題が出て、
チームの雰囲気がすごく悪くなったときがあった。
で、そのときに店長は、
何かを変えなければダメだと思ったらしい。
すごく素直で真っ直ぐというのが強みの店長なんです。
ただ、何のテクニックも持っていないから、
「今月はずっと笑っていよう」って決めたらしい。
お店の準備から掃除まで、

営業時間以外にもずっと作り笑顔でも笑っていようって決めたんですって。

スタッフみんなに元気を届けたかったんですね。

で、その結果の報告がめちゃくちゃ面白くて……。

なんと、チップの金額がトップになっちゃったんです、店長が。

僕はそれ、投資と回収だと思いました。

要は、エネルギーを交換しているわけです。

店長の、

〝なんとか雰囲気をよくするぞお～！〟
というエネルギーが溢れかえって、
行動に出したら、
お客さんが反応しちゃったんです（笑）。

チップもらおうとしていないのに、
チップがガンガン来てしまった。

だから、お金も笑顔も同じなんですね。

「YAKINIKUMAFIA IKEBUKURO」のグランドオープン
のときからずっと、

言い続けて来たことがあります。

「チップ、貯金なんかしていたら承知しないからな」

「ちゃんと投資しろ。だってそれは、お客様がお前に投資してくれたお金なんだから。絶対に投資しろ」

ちなみにその店長にチップを何に使っているのか聞いたら、見事でした。

まず、勉強代。

そして、体験。

高級レストランに行き、
チップ制のエンターテインメント・スペース
「バーレスク」「マッスルバー」とか、
そういうところにガンガン行っているわけです。

そしてもう1つ、
クラファンに投資しまくっている。

人の応援。
つまり、自己投資と、
これも自己投資に近いけど、体験投資と、
そして応援消費。

つまり、人が輝くことにしかお金を使っていないんですよ。
人的な価値が高まることにしか、
チップを使っていない。
他のステージパフォーマーも、
全部それをしていました。

改めて言います。
自己投資と応援消費。

これをやることが一番いいと思います。
人の応援に100万円払うと、
あなたが応援されるときに100万円受け取れますよ。

これは**振り子の原理**です。

これだけ振ればこれだけ返ってくるという、
エネルギーが均等になるという法則。

小さく振ったら、
小さくしか返ってこない。

お金もエネルギーだから、
この宇宙の法則が、
物理学だから、
必ず同じようになるので、
お金を受け取れるマインドになりたかったら、

お金を払えるマインドになればいい。

で、そのマインドは、
心の中だけでなく、体験で振り子を振っていくと、
間違いなく変わります。

たとえば、贅沢を許可するとか、
いいかもしれません。
それはできるだけ体験の方がいいと思います。
人から見たら浪費にしか見えなくてもいいんです。
あなたが「自分の体験に投資するぞ」と思って使ったお金は投資になるんです。
あなたがリラクゼーションサロンの従業員さんだったら、

リッツ・カールトンのリラクゼーションを予約するのもいい。

旅行が好きだったら、
バックパッカーだけではなく、
一回でもいいから五つ星ホテルに泊まってみるとか。

だって、そういうところには、
お金を受け取れる人と払える人しかいないんですよ。
そういう人たちの近くに行くんですよ。
わたしもこうなりたいなと考えるようになります。

『学年ビリのギャルが1年で偏差値を40上げて慶應大学に現役合格した話』
という映画がありました。

この映画で好きなシーンが2つあって、
そのうちの1つが、
主人公が慶應大学に行くといって、
最初はノリノリだったけれど、
途中でくじける。
そのときに、お母さんと一緒に慶應大学のキャンパスに行くんですよね。
さやかは諦めているんだけど、お母さんが言う。
そこにいるイキイキとしている慶應大学の学生を見て、
「さやかもこんな風に、未来に向けてキラキラしている姿になったら嬉しいな」と。

真理なんです。

慶應大学なんてどうでもいいんですよ。

偏差値が高いか低いかは、そんなに重要ではないと思っています。

だけど、そこにいる人間のマインドに触れることによって、
人間は影響を受けるんですよ。
そのキャンパスにいた学生は、きっと、
自分は将来活躍できると思っている。

そういう人たちに、

大切な大切な自分さんを、

会わせてあげるんですよ。

それはむちゃくちゃ価値があります。

僕は「ホリエモン万博」のチケットを、
500万円買ったところから変わったと思っています。

そこで堀江《ほりえ》貴文《たかふみ》さんに出会って、
彼の周りにいるむちゃくちゃ回しているような人たちに、
当たりまえのように会えるようになって。

その次に西野さんに会って。
応援消費って、こんなに心が豊かになるんだと知って。

今は払える人と、受け取れる人たちに囲まれて生きています。

もともとは公務員の息子で、
お金のメンタルブロックばりばりだったあの鴨頭君も、
こうなれるということですよ。

だから、みなさんもなれます。

そして、みんなで夢を叶えられる世の中にしていきましょう！

これください
今日は
ラグジュアリーな体験を
自分に
プレゼントしてみよう

そわそわ
慣れないうちは
違和感あるかもしれない

知らないことやものを
知ってみる
触れてみる
味わってみる
ふわふわ〜

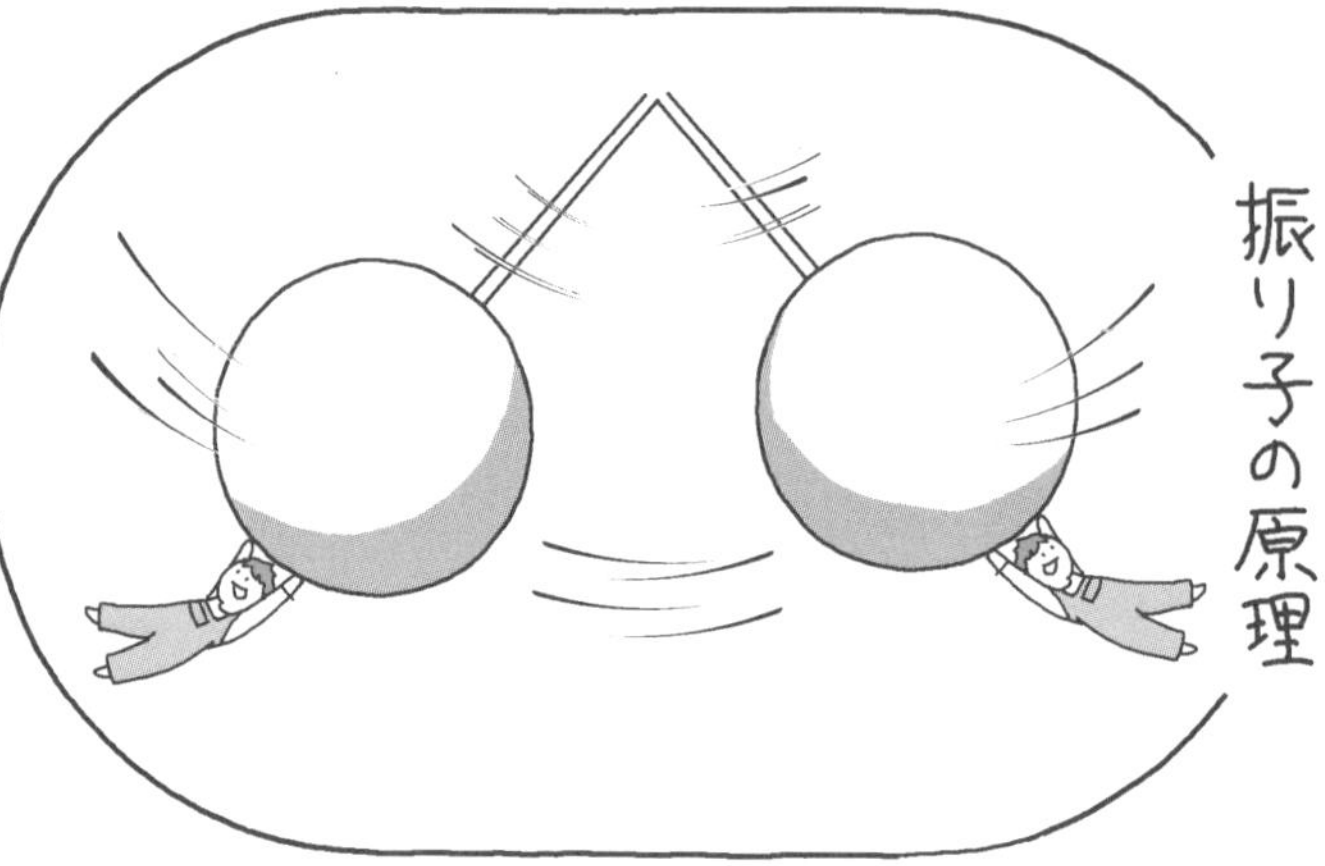
振り子の原理

挑戦している人や
輝いている人を
応援してみる!

【おわりに】

お金のことを、
色々と考察してきました。
お金、不思議ですよね？
お金は動くたびに、人を幸せにします。
お金があれば、時間をコントロールできます。
逆に、時間を制限するのもお金です。

そしてもちろん、お金は力でもあります。

ひとつだけ確かなことは、

お金の勉強をしないと、
人生に制約を受けてしまうということです。

改めて、

では、どうしたらいいのか？

お金を敵視しないことです。
友だちとは呼べないかもしれません。

でも、
間違いなく、
敵ではありません。
むしろ、わたしたちにとって、
必要不可欠なもの。
ツールなんです。

見ればわかります。

お金を、
もらう数と払う数の多い人が、
社会を、
世の中を幸せにしています。

第6話で、
お金へのマインドブロックのことを、
書きました。

改めてここで、
あなたにひとつ、
質問をします。

あなたはお金を使うとき、
どちらに、
より痛みを感じますか？

A　目に見えるものにお金を使うとき

B　目に見えないものにお金を使うとき

Aの目に見えるものは、
たとえば、高い洋服ですね。

Bの目に見えないものは、
たとえば、セミナーです。

どちらに、より痛みを感じますか？

少し話ははずれますが、
これは、
自分が何かを売る際にも、

重要なファクターとなります。

Aと答えた人は、
実際のモノを売るときに苦労する。
Bと答えた人は、
セミナーなどの形のないものを売るときに、
苦労する。

ちなみにわたしは、Bでした。
バブル時代に青春を送っていますから、
車、服、
形のあるものにお金を払うことは気になりませんでしたが、
セミナーなど、

形のないものにお金を払うことには躊躇しました。

そんなわたしが、
セミナー講師をしている。
苦労しました……。

話を戻します。

Aと答えた人は、
目に見えるもので、高いものを買うといい。

Bと答えた人は、
形のないもので、高いものに、

一度お金を支払ってみるといい。

これですべて、
お金に対するメンタルブロックが消える……
とは、言いません。

でもきっと、
自分の持っている
お金に対するメンタルブロックの正体、
それが見えてくるはずです。

そこから、
すべてを始めていきましょう。

世界と社会をよくするために。
そして、
周りの人や、
自分自身を幸せにするために。

それが、

わたしの夢です。

2023年7月吉日　鴨頭嘉人

かさはらりさ

神奈川県出身 イラストレーター

日本一のYouTube講演家、鴨頭嘉人氏著『自己肯定力シリーズ』3冊や、こずこず氏著Amazonランキング8部門1位の絵本『よしゅくのおまじない』(大嶋啓介氏監修)など、これまで6冊の出版物の作画を手掛ける。

うつ状態で退職という人生のどん底で鴨頭嘉人氏の「話し方の学校」に出会い、生きることや働くことを改めて自分に問う機会を得る。

そこで思い出した幼少期からの夢であるイラストレーターへ人生の大転向を決意する。

うつ状態のどん底より現実創造を積み重ねてきた自身の経験から、日常にある小さな幸せこそが大切だと感じ、それを題材にしたイラストは「ほっこりする」とSNSで大好評。

現在イラストレーター活動の傍ら〈心から幸せを感じられる自分らしいあり方〉をテーマに講座やセッションを提供している。

◆ Instagram　https://www.instagram.com/risa.kasahara/

◆ ブログ
【どん底から現実創造へ！心から幸せを感じられる自分らしいあり方】
https://ameblo.jp/risasa-mo/

鴨頭嘉人

かもがしら よしひと

高校卒業後、東京に引越し、19歳で日本マクドナルド株式会社にアルバイトとして入社。4年間アルバイトを経験した後、23歳で正社員に、30歳で店長に昇進。32歳の時にはマクドナルド3,300店舗中、お客様満足度日本一・従業員満足度日本一・セールス伸び率日本一を獲得し最優秀店長として表彰される。その後も最優秀コンサルタント・米国プレジデントアワード・米国サークルオブエクセレンスと国内のみならず世界の全マクドナルド表彰を受けるなどの功績を残す。

2010年に独立起業し株式会社ハッピーマイレージカンパニー設立(現:株式会社東京カモガシラランド)。

人材育成・マネジメント・リーダーシップ・顧客満足・セールス獲得・話し方についての講演・研修を行っている日本一熱い想いを伝える炎の講演家として活躍する傍ら、リーダー・経営者向け書籍を中心に24冊(海外2冊)の書籍を出版する作家としての顔も持つ。さらには「良い情報を撒き散らす」社会変革のリーダーとして毎日発信しているYouTubeの総再生回数は2億回以上、チャンネル登録者数は延べ100万人を超す、日本一のYouTube講演家として世界を変えている。

◆ 公式HP　https://kamogashira.com
◆ YouTubeチャンネル　https://bit.ly/kamohappy
◆ Instagram https://bit.ly/kamogram
◆ 公式LINE　https://bit.ly/kamobon
◆ Voicy　https://voicy.jp/channel/1545

サービス
一覧

夢と金が9割

2023年8月22日 初版発行

著　者　鴨頭 嘉人
発行者　鴨頭 嘉人
発行所　株式会社 鴨ブックス
〒170-0013 東京都豊島区東池袋 3-2-4
共永ビル7階
電　話　03-6912-8383
F A X　03-6745-9418
e-mail　info@kamogashira.com
イラスト　かさはらりさ
装　丁　株式会社 カラン
DTP制作　株式会社 ピーエーディー
校　正　株式会社 ぷれす
印刷・製本　株式会社 光邦

ISBN978-4-910616-06-3